Sommaire

3 000 ans en compagnie de l'homme

Vif, intelligent et affectueux, le lapin nain tient aujourd'hui la cinquième place sur la liste des animaux de compagnie qui vivent avec nous. Il se classe en effet juste après les poissons, les chiens, les chats et les oiseaux. Mais il n'en a pas été toujours ainsi.

1 le Lapin d'Angora. 2 le Lapin d'Angora en mue.

L'ancêtre

Le lapin de garenne est apparu sur la terre depuis environ un million d'années, et c'est le « grand-père » de tous les lapins contemporains. Au début, il vivait en Europe du Nord, mais les rigueurs du climat le poussèrent très vite à transférer son « lieu de résidence » vers les régions méditerranéennes d'Italie et d'Espagne ainsi que dans les îles. Un papyrus représentant un homme qui tient un lapin de garenne par ses longues oreilles est le plus ancien document parvenu jusqu'à notre époque.
Mais les Phéniciens relatent dans leurs écrits qu'à leur arrivée dans les Pyrénées, vers 1100 avant Jésus-Christ, ils trouvèrent de nombreux lapins sauvages. Les Phéniciens, qui appelaient le lapin *shepam*, le diffusèrent dans d'autres pays pour pouvoir en consommer la viande.

Les débuts de l'élevage

On pense que les Romains ont été les premiers à accueillir des lapins dans leurs maisons, car certains écrits parlent des enclos dans lesquels étaient élevés ces animaux. On sait même que vers 44 après Jésus-Christ, les lapins sauvages étaient un fléau d'une telle ampleur, à cause des dommages qu'ils provoquaient sur la végétation et dans les plantations de l'homme, que les Romains avaient recours à des furets pour les éloigner.

Mais à cette époque, l'homme n'élevait pas les lapins pour profiter de leur compagnie ; le sort réservé à cet animal était de trôner sur les tables des banquets.

Page ci-contre, une gravure du XVIIIe siècle, œuvre du naturaliste français Georges-Louis Leclerc, comte de Buffon, représente deux lapins angoras

Des marins...

Par la suite, ce furent d'abord les marins qui diffusèrent les lapins dans toute l'Europe et bien au-delà. Dès le Moyen Âge, ils avaient coutume d'abandonner ces animaux sur les îles qui se trouvaient le long de leur route, car en se multipliant le lapin devenait une réserve de viande prête à être consommée au cours des voyages de retour. C'est ainsi que, grâce aux navigateurs portugais, le lapin atteignit rapidement les îles Canaries, Madère et les Açores, et qu'il « conquit » l'Angleterre grâce aux marins normands.

Toutes les races de lapins appartiennent à une même espèce : Oryctolagus cuniculus

… aux moines

Mais la domestication véritable vit le jour vers le XVIe siècle dans les monastères. Les moines commencèrent à sélectionner des lapins en vertu de leur docilité, de leur couleur, de leur taille, du type de poil et de certaines autres caractéristiques, donnant ainsi naissance aux premières races.
Plus de soixante races, qui sont toujours existantes, furent créées au cours des siècles qui suivirent, faisant ainsi du lapin un animal domestique dans tous les sens du terme.

En fonction du poids du lapin, qui est de 700 à 800 grammes pour un lapin nain et de quasiment 8 kilos pour un lapin de garenne, on répertorie les races en : petites, moyennes et grandes

Un « hôte » ingrat

Ce n'est pas une révélation de dire qu'un lapin en liberté est un véritable cataclysme pour la végétation. En creusant des labyrinthes de galeries et en construisant des terriers pour dormir et élever ses petits, le lapin endommage en effet les racines des plantes, qu'elles soient petites ou grandes. Mais les dégâts les plus graves sont causés par ses dents très solides qui détruisent toute la végétation à sa portée.

Les lapins célèbres

Bugs Bunny

C'est le lapin rusé des dessins animés de Warner Bros, que pourchasse inlassablement Elmer Fudd, un chasseur que Bugs Bunny ridiculise systématiquement. Il est également le protagoniste d'un film intitulé « Space Jam », interprété par le basketteur Michael Jordan, dans lequel jouent à la fois des acteurs réels et des personnages de dessins animés.

Le Lapin Blanc d'Alice

Le conte de Lewis Caroll, « Alice au Pays des Merveilles », débute lorsque l'héroïne, une fillette prénommée Alice, aperçoit dans un bois un étrange lapin blanc, élégamment vêtu, qui se hâte en grommelant, comme s'il allait à un rendez-vous. La fillette le suit jusqu'à son terrier et tombe dans un puits très profond avant de pénétrer dans un univers inconnu, peuplé d'étranges animaux dotés de la parole. À la fin du livre, Alice se réveille : tout cela n'était peut-être qu'un rêve…

Pierre Lapin

Ce lapin, né de l'imagination de Beatrix Potter, vit en compagnie de ses frères Flopsaut, Trotsaut et Queue-de-Coton dans un terrier de sable aménagé sous un grand sapin. La « maison » de Pierre se trouve à proximité du jardin de monsieur Mac Grégor, à qui le petit lapin cause bien des soucis.

Roger Rabbit

C'est le héros d'un film célèbre du metteur en scène Robert Zemeckis, dans lequel jouent à la fois des personnages de dessins animés et des acteurs réels. Très amoureux de sa femme, la superbe Jessica, Roger réussit à vaincre ses ennemis après bien des péripéties.

Coco Lapin

Coco, le lapin tatillon est l'un des nombreux amis de Winnie, le petit ours si gourmand de miel. Les autres compagnons de Winnie sont un petit cochon peureux, un hibou sage, un tigre brouillon, un bébé kangourou, un âne et un petit garçon.

Le « cas » australien

Les Australiens connaissent bien les problèmes liés à l'impressionnante voracité des lapins. En 1859, un propriétaire terrien libéra 29 lapins dans son parc de l'état de Victoria, se rendant ainsi responsable de la destruction de centaines de milliers de mètres carrés de fourrés. En l'absence des prédateurs naturels que sont les renards et les rapaces, les lapins se reproduisirent tranquillement, et il y en eut plus de 20 000 en l'espace de quelques années ; ils ravagèrent la totalité de la végétation, se nourrissant d'herbes rongées jusqu'à la racine ainsi que des écorces d'arbres et de buissons. Et quelle est la situation aujourd'hui ? Malgré les mesures prises pour limiter l'expansion des lapins, le problème n'est pas encore résolu, puisque leur population atteint aujourd'hui le chiffre astronomique de 150 millions « d'individus ».

Une « qualité » proverbiale

Ces animaux sympathiques sont capables de conquérir en peu de temps un territoire, même quand il est aussi vaste que le sud du continent australien, grâce à une capacité de reproduction remarquable. Ils se multiplient à une vitesse exceptionnelle, et une femelle peut mettre bas jusqu'à 50 petits dans une même année.

Je vais avoir un lapin

Il est facile de prendre soin de lui, car c'est un animal qui s'adapte très bien à la vie en appartement. Mais si l'on a envie d'un petit lapin, il faut savoir qu'il faut beaucoup s'occuper de lui.

Comment résister à la tentation de rapporter un lapin nain à la maison, surtout quand il n'a que quelques mois, qu'il vous regarde avec de grands yeux ronds et qu'il a la forme d'une petite boule recouverte de poils très doux ? Si la tentation est grande, il ne faut pas oublier que, nonobstant un aspect attendrissant qui évoque celui des peluches, le lapin est un être vivant, pas un jouet, qu'il faut respecter et aimer.

Il faut d'abord penser à son bien-être constitué de moments de « liberté » passés en dehors de la cage à jouer et à courir, de votre présence et du temps que vous êtes prêt à lui consacrer, critères dont il faut tenir compte non seulement le premier jour, mais pour tout le reste de sa vie.

Êtes-vous un bon maître ?

Voici dix questions que n'importe quel futur maître doit se poser avant d'acheter un lapin nain. Si vous répondez « oui » à toutes les questions, il n'y a aucun doute : vous êtes en mesure de lui offrir une vie agréable et confortable. S'il y a un ou deux « non », il est peut-être préférable de prendre le temps de réfléchir encore un peu.

1. Disposez-vous d'au moins une heure par jour pour le nourrir et nettoyer sa cage ?

2. S'il reste seul à la maison, le lapin souffre de solitude. L'achat d'un autre animal pour lui tenir compagnie est-il envisageable ?

3. Y a-t-il une pièce peu bruyante, sans trop d'allées et venues, pour installer sa cage ?

4. Disposez-vous d'un balcon ou d'un jardin où le lapin pourra courir à la belle saison ?

5. Êtes-vous prêt à le laisser se promener dans la maison une heure par jour ?

6. Réussirez-vous à ne pas vous fâcher si vous trouvez des excréments dans la maison ? Il s'agit uniquement des crottes, puisqu'il urine dans sa caisse.

7. Pendant les vacances, pouvez-vous l'emporter avec vous ou vous arranger pour le faire garder ?

8. S'il y a déjà un animal à la maison, aurez-vous assez d'énergie et de temps à accorder aux deux pour qu'ils puissent s'entendre ?

9. L'idée d'élever un lapin plaît-elle à toute la famille ?

10. Êtes-vous sûr qu'aucun membre de la famille n'est allergique aux poils ?

Le comportement

Il suffit d'entrer dans une animalerie et d'observer une portée de lapins pour se rendre compte que chaque animal a son propre caractère. Certains comportements aident à classifier celui de votre nouvel ami et à savoir s'il peut s'adapter à la vie de famille sans que cela pose problème.

- Comment réagit-il quand vous vous approchez de sa cage ? S'il va se terrer dans l'angle le plus éloigné, cela veut dire qu'il est timide ; si, en revanche, il s'approche de votre main tendue pour la flairer, il est curieux et courageux.
- Comment se comporte-t-il lorsque le marchand essaie de l'attraper ? S'il se laisse prendre et reste calmement dans les bras, cela signifie qu'il a un caractère docile et qu'il est habitué à la présence de l'homme ; au contraire, s'il se débat cela signifie qu'il faudra un peu de patience pour l'apprivoiser.

Mâle ou femelle ?

En termes de charme, d'intelligence et d'affection, il n'y a aucune différence entre les mâles et les femelles. Cependant, les femelles sont généralement plus tranquilles, alors que les mâles présentent l'inconvénient de délimiter leur territoire, c'est-à-dire les murs et les meubles de la maison, par un jet d'urine quand ils arrivent à l'âge adulte. Ce comportement étant purement instinctif, il ne sert strictement à rien de réprimander l'animal.

Et la race ?

Lorsque l'on choisit un lapin nain, il faut être conscient qu'il est plus délicat que ses cousins de taille normale et qu'il vaut toujours mieux

CROWN
Professional Series

le saisir en faisant très attention. Ceci étant dit, la race est surtout une question de goût personnel, même si, comme on peut l'imaginer, les lapins à poil long demandent plus de soins puisqu'il faut les brosser souvent, voire tous les jours si possible, pour éviter que leur fourrure ne se transforme en un sac de nœuds.

Est-il vrai…

… qu'il vaut mieux les acheter en septembre ?

L'automne est certainement la meilleure période. Généralement, les lapins sont vendus vers l'âge de deux mois ; donc si on les achète en septembre c'est parce qu'ils sont nés vers juin-juillet, deux mois durant lesquels ils ont pu bénéficier de lumière et de chaleur, des critères très importants qui leur permettent de grandir sains et robustes.

L'âge idéal

Quand on décide d'acheter un lapin, il faut également tenir compte de son âge, car il ne faut pas le séparer trop tôt du reste de sa famille. Pour une séparation sans traumatismes et pour qu'il s'adapte plus facilement à sa nouvelle vie, le meilleur moment se situe aux alentours de sept ou huit semaines.

Mais rien n'oblige à acheter un lapereau, car un lapin adulte s'habitue aussi très vite à faire ses besoins dans une caisse, il est souvent plus calme et fait moins de bêtises quand il est en liberté dans la maison.

Seul ou à plusieurs ?

Dans la nature, les lapins sont des animaux qui vivent en colonies abondantes parfois composées de plusieurs dizaines d'individus, et cela lui permet de ne pas souffrir de solitude.

Ces petits lapins ont grandi ensemble et s'entendent très bien

Si le maître passe beaucoup de temps à la maison, sa compagnie peut suffire au lapin ; mais dans le cas contraire, il faut trouver une solution pour éviter que l'animal devienne mélancolique. Il existe quelques solutions.

- Acheter deux petites lapines : elles font généralement bon ménage, surtout lorsqu'elles ont grandi ensemble, et c'est encore mieux quand elles sont sœurs.

- Acheter deux mâles : ils s'entendent bien jusqu'à l'âge de quatre mois, mais ensuite ils se battent pour établir la suprématie de l'un sur l'autre et se mordent, ce qui peut occasionner des blessures graves ; il faut alors les placer dans des cages séparées.
- Acheter un mâle et une femelle : c'est probablement la solution idéale pour eux, mais elle l'est nettement moins pour les maîtres qui vont très vite se retrouver avec des nichées de petits lapins à élever.
- « Offrir » un cochon d'Inde (ou cobaye péruvien) à son lapin ; ces deux animaux s'accordent généralement bien et ils peuvent cohabiter sans problème si la cage est assez grande.

Les « petits bâtards »

Les animaleries vendent souvent des lapins « métis », c'est-à-dire issus d'un individu nain et d'un sujet de taille moyenne. Bien que n'étant pas de pure race, ces animaux présentent les caractéristiques de leurs deux parents et peuvent donc devenir d'excellents compagnons de jeux et de vie.

J'apprends à le connaître

Le lapin fait partie de la classe des mammifères. Ces animaux se distinguent par leur capacité à réguler la température de leur corps, recouvert de poil et parce qu'ils allaitent leurs petits, à la différence des reptiles qui, eux, sont des animaux à sang froid généralement ovipares, dont la peau est recouverte d'écailles.

Le lapin appartient à la famille des Léporidés qui réunit onze genres différents de lièvres et de lapins répartis dans le monde entier. Ce sont des animaux de taille moyenne, aux longues oreilles, parfois très longues dans le cas du lièvre, dont les pattes postérieures très puissantes leur permettent de faire des bonds remarquables et de courir très vite, quelquefois en zigzag. Une fourrure abondante est l'autre caractéristique commune aux Léporidés ; elle est particulièrement utile pour les animaux qui vivent dans les régions froides, comme le lièvre blanc

La carte d'identité

Nom scientifique	Oryctolagus cuniculus
Origines	descendant du lapin de garenne
Poids moyen	entre 3 et 4 kg, mais le lapin nain pèse environ 1 kg, alors que les lapins de grande taille peuvent atteindre 8 kg
Température corporelle	38,5–40 °C
Durée de vie moyenne	de 5 à 8 ans, mais il peut parfois vivre 10 ans

qui a choisi les montagnes de plus de 1 200 mètres d'altitude pour habitat.

Et le lapin nain ?

La structure de son corps est identique à celle de ses « cousins », mais certaines caractéristiques

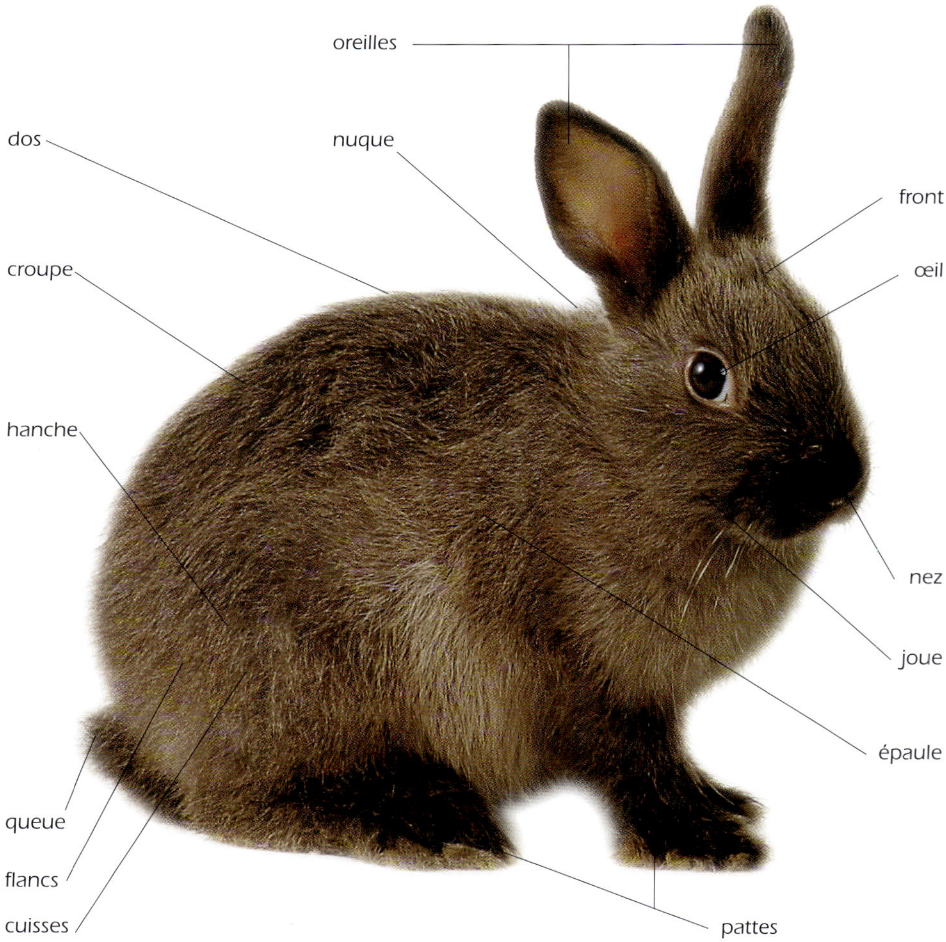

lui sont spécifiques. Le corps est en forme de « boule », les pattes sont courtes et fines et la queue est petite. La forme de la tête est presque sphérique, les yeux sont ronds, grands et bien ouverts, et les oreilles sont courtes et arrondies avec une longueur maximale de 7 cm.

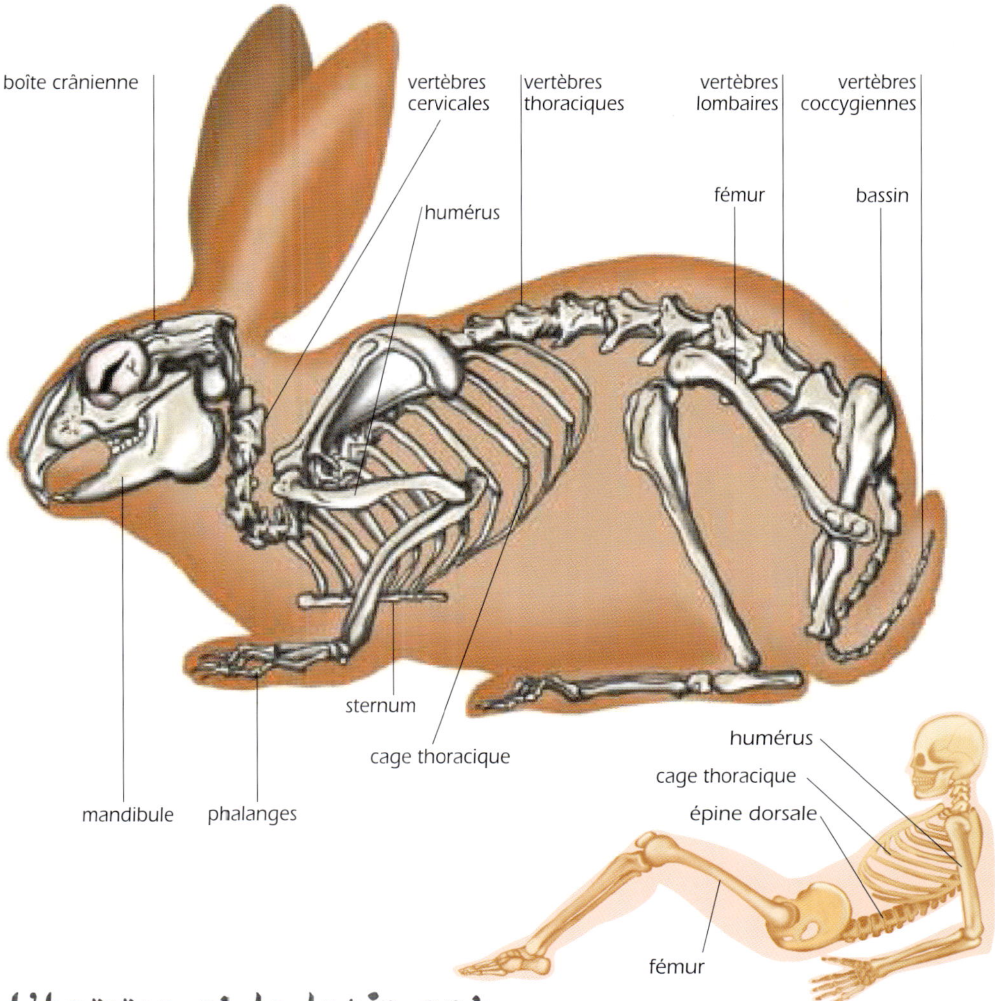

L'homme et le lapin ont des points communs...

Hormis le fait que tous deux sont des mammifères, et bien que cela puisse paraître incroyable, l'homme et le lapin ont un squelette composé à peu près d'un même nombre d'os, environ 200. Le lapin possède, lui aussi, une épine dorsale, une cage thoracique et des organes internes comme un foie et une rate.

Est-il vrai...

... qu'il ne marche pas ?

Les pattes postérieures sont plus longues que les pattes antérieures, c'est pour cela que le lapin ne marche pas, mais se déplace par bonds. Lors du saut, les pattes postérieures bougent « simultanément » et toute la surface du pied prend appui sur le sol. En revanche, lorsque l'animal avance lentement, il le fait « sur la pointe des pieds ».

... et des différences

Les dents

Si ses grandes dents sont peut-être ce qui caractérise le plus notre ami le lapin, elles ont également une fonction bien précise. Les incisives (quatre en haut, même si on n'en voit que deux, parce que les deux autres, très petites, se trouvent derrière ; plus deux autres au-dessous) servent à couper les brins d'herbe en petits bouts. Les canines sont absentes, et il existe un espace appelé diastasis entre les incisives et les prémolaires. Les prémolaires et les molaires broient l'herbe mais également les racines et les écorces.

La coprophagie

Sachez qu'il ne s'agit pas d'une « maladie », mais d'un signe de bonne santé qui signifie que le lapin est calme et détendu. Il faut également savoir que ce comportement existe dans la nature chez d'autres Léporidés et de nombreux rongeurs. La coprophagie, nom scientifique qui veut dire manger les excréments, est une coutume que le lapin a conservée même s'il ne vit plus à l'état sauvage. C'est une façon de récupérer certaines substances nutritives présentes dans la nourriture, en particulier des vitamines et des protéines, qui sinon seraient gâchées. En réalité, les petites boules molles que le lapin « recycle » en les mangeant dès qu'elles sortent de son intestin ne sont pas de véritables « crottes », même si cela y ressemble. Et de fait, on retrouve les vraies crottes dans la cage, elles ont une consistance dure et ne contiennent que des déchets.

Toutes les dents poussent continuellement, car elles s'usent à la mastication.

Les oreilles

Très délicates et sensibles, elles peuvent capter le moindre bruit et fonctionnent comme des radars, c'est-à-dire qu'elles peuvent s'orienter dans n'importe quelle direction en bougeant séparément.

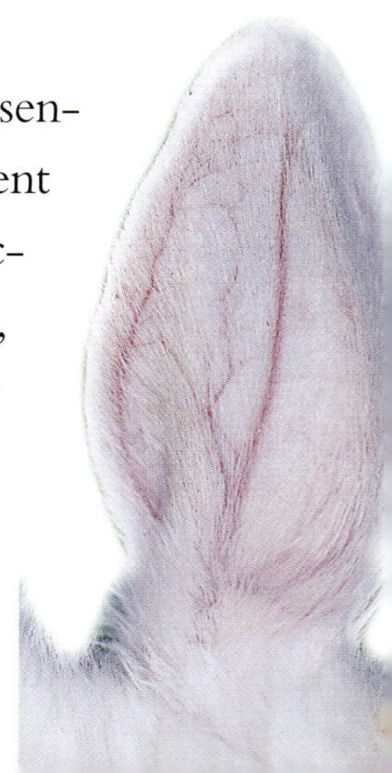

De plus, les oreilles ont une autre fonction importante : elles favorisent la déperdition de chaleur qui sature le corps, exactement comme le font les grandes oreilles de l'éléphant d'Afrique. Car le lapin ne peut pas se rafraîchir en suant comme l'homme, ou en haletant comme le chien. Les oreilles assurent donc l'effet « réfrigérant ».

Des incisives régulières qui se touchent, l'intérieur des oreilles propre, des yeux lumineux, voici les critères indiquant qu'un animal jouit d'une bonne santé

Les yeux

Très grands et placés sur les côtés de la tête, les yeux permettent une vision panoramique à 180°, et le lapin peut donc observer sans se fatiguer tout ce qui l'entoure, se rendre compte d'un danger à temps et se mettre à l'abri en fuyant. Mais il existe un « point aveugle » sur le museau, et le lapin saisit la nourriture avec les lèvres en s'aidant du toucher et non de la vue. En compensation, le lapin voit bien mieux que nous dans la pénombre.

Parmi les couleurs, il semble qu'il réussisse à percevoir le vert et le bleu.

Le nez

Il est toujours en mouvement, même quand le lapin somnole, pour humer l'air et capter toutes les odeurs. Il faut également dire que les « relations sociales » de ces lapins sauvages sont fondées surtout sur l'odorat parce que ces animaux se reconnaissent par le biais de l'odeur, et que c'est grâce à leur nez qu'ils peuvent se déplacer au plus profond de la forêt sans encourir trop de dangers.

Comme le reste du corps, le museau est plutôt rond. On note un sous-poil doux et épais sous le poil

La bouche

Si l'on parle du goût en tant que sens, on ne peut pas dire que le lapin ait un palais raffiné. Prenez le chien par exemple : même s'il ne s'intéresse pas au goût des aliments qu'il avale, son sens du goût est tout de même six fois plus développé que celui du lapin.

Une autre différence notable entre l'homme et

le lapin est la lèvre supérieure qui se divise en deux chez le lapin comme chez le lièvre ; c'est de là que vient le nom de bec de lièvre.

Le poil

Plus que la peau, les poils sont des organes sensibles au toucher, et plus spécialement les longues moustaches hypersensibles du museau, appelées aussi vibrisses comme celles du chat. Grâce à son poil, le lapin peut « sentir » la largeur d'un terrier ou la distance entre un objet et son corps.

Je prépare son arrivée

Il va enfin arriver et la joie et l'émotion sont considérables. Mais il ne faut pas oublier que le petit lapin risque d'être dépaysé par le nouvel environnement, apeuré par l'absence de sa maman et de ses frères, désorienté par le changement d'habitudes. Voyons quelles astuces peuvent permettre de l'accueillir au mieux.

Pour l'aider à surmonter le stress dû au changement de maison, il faut que dès son arrivée, la cage soit prête avec de la nourriture, de l'eau, une caisse et une litière pour ses besoins, et pourquoi pas une demi-pomme comme friandise pour lui souhaiter la bienvenue. Et, chose qui n'est pas toujours facile, il faut surtout éviter de le passer de bras en bras, en le forçant parfois à accepter les câlins.
Mais, une fois qu'il est dans la cage, on peut le caresser un peu en lui parlant doucement pour le rassurer.

La cage

Il est normal que le lapereau ait besoin d'un peu de temps pour se lier d'amitié avec sa nouvelle famille et, durant les premiers jours, il est préférable de le laisser dans sa cage pour qu'il se rassure et s'habitue à la considérer comme sa maison, son refuge.
La cage doit être assez grande, mesurer à peu près 1 mètre de long sur 60 cm de large, et de 30 à 40 cm de haut pour que le lapin puisse bondir sans être gêné.

On trouve une grande variété de cages dans les animaleries ; les plus adaptées sont munies de barreaux, parce que l'animal a besoin « d'inspecter » avec les oreilles et le nez tout ce qui l'entoure et qu'il se sentirait isolé de ses maîtres dans une cage aux parois fermées.

Où faut-il la placer ? Dans un lieu calme mais non isolé, clair, mais à l'abri de la lumière directe du soleil et des courants d'air. La salle de séjour est probablement le local le mieux adapté, mais il faut éviter de poser la cage à côté de la télévision, de la chaîne hi-fi ou du téléphone, car les bruits forts et brusques perturbent beaucoup le lapin.

La cage doit être assez vaste et, si possible, dotée d'une ouverture supérieure, ce qui permet d'attraper le lapin plus facilement

La caisse et la litière

Les lapins ont l'habitude de toujours faire pipi dans le même coin de la cage.
C'est donc une bonne idée d'y placer une petite caisse remplie de sable, et celles des chats conviennent très bien ; la cage sera moins sale, et le lapin qui est un animal naturellement très propre en sera ravi.
On peut aussi recouvrir le fond de la cage avec de la litière, ou du sable traité, du foin à condition qu'il soit toujours propre et frais, de la paille, des copeaux de bois ou de la sciure.

Le lapin s'habitue vite à la caisse. Mais il faut penser à la nettoyer tous les jours

Le « nid »

Son ancêtre sauvage cherchait à se protéger des prédateurs et du froid dans des terriers creusés à même le sol, mais le lapin domestique aussi a besoin d'avoir un nid où se réfugier quand il a peur ou qu'il veut être seul. Le plus simple est d'utiliser une boîte en carton sans fond dans laquelle on découpe une ouverture et que l'on place dans la cage. Si on est doué pour le bricolage, on peut demander un peu d'aide à papa pour s'amuser à construire une véritable petite maison à accrocher en dehors de la cage.

D'autres objets utiles

- Disséminer quelques caisses de litière supplémentaires dans toute la maison ; ainsi le lapin en aura toujours une à disposition…en cas de besoin.
- Une brosse pour lustrer le poil.
- Un panier de transport, que ce soit pour l'emporter du magasin à la maison ou pour aller chez le vétérinaire.
- Un petit harnais léger et une laisse pour le promener dehors.

Pour les passionnés de la fabrication « maison »

Outre le « défi » très agréable que constitue la construction d'un nid douillet fabriqué de ses propres mains, c'est aussi un moyen de faire comprendre au petit lapin qu'on l'aime. Voici donc quelques données « techniques » :

Les dimensions

Base : 30 cm x 20 cm.
Hauteur : 20 cm.

L'ouverture

Si elle est ronde, un diamètre de 10 ou 15 cm.
Si elle est carrée, de 10 x 10 cm.

L'emplacement de l'ouverture

À 10 cm du fond.

Les matériaux

Un bois dur, comme le hêtre et l'olivier qui sont faciles à travailler, est idéal. De plus, c'est un bon isolant qui donne au lapin une sensation de protection et de chaleur.
Si l'on n'en a pas, on peut utiliser du contreplaqué.

L'épaisseur des parois

L'épaisseur des parois en bois devrait être de 15 à 20 mm ; dans le cas de contreplaqué, il faut prévoir une épaisseur d'au moins 30 mm.

Un conseil

Si l'on emploie du contreplaqué, il faut recouvrir les bords de l'ouverture avec une fine tôle de zinc pour éviter que le lapin les ronge.

20
30
10
20
10
30
20
20
20
30
20
20
20
30

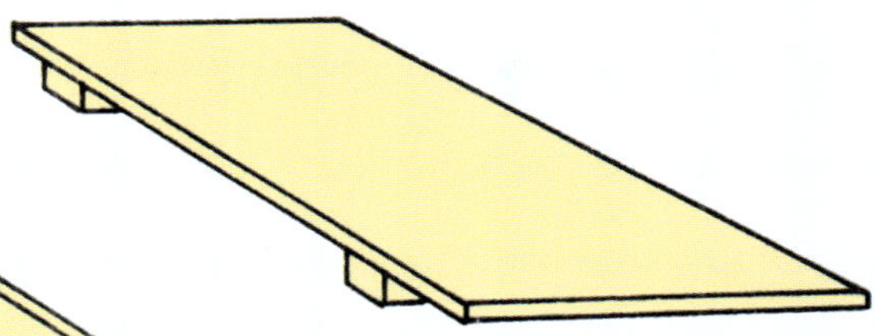

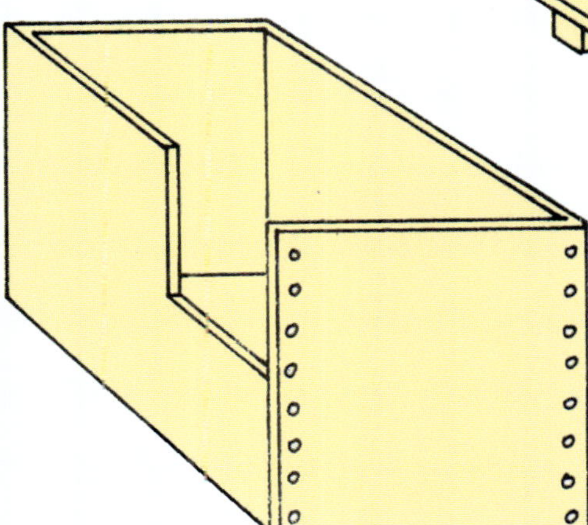

S'il y a d'autres animaux

Quand on possède déjà un animal, on se demande inévitablement comment il va se comporter face au nouveau venu.

En règle générale, les oiseaux, surtout s'ils sont en cage, ne suscitent pas de gros problèmes, mis à part le fait que l'ouïe très fine du lapin peut être gênée par des cris ou des sifflements très aigus. S'il s'agit d'un chien, d'un chat ou d'un autre lapin, c'est un peu plus compliqué, car la jalousie du « premier arrivé » peut être une source de conflits. Il existe cependant quelques petites astuces pour aider tout ce petit monde à se mettre d'accord.

La cohabitation entre chien et lapin n'est pas impossible : tout dépend du tempérament du chien et de la race. Cependant, un chien de chasse considérera probablement toujours le lapin comme une proie potentielle.

Phase n° 1 : faire connaissance

Le chien

Approchez-le de la cage en le tenant par le collier, parlez-lui calmement et caressez-le ; félicitez-le s'il reste calme et grondez-le s'il aboie ou s'agite.

Le chat

Laissez-le s'approcher de la cage ; caressez-le et parlez-lui doucement ; grondez-le s'il tente de griffer le lapin à travers les barreaux.

Le lapin

Rapprochez les deux cages ; au bout d'un moment faites sortir un des deux lapins, s'il fait pipi sur les meubles ne lui dites rien car c'est un réflexe naturel.

Phase n° 2 : la prise de contact

Le chien

Tenez le lapin dans les bras à hauteur des yeux du chien, et laissez ce dernier flairer le lapin. Si

Après une première phase d'observation réciproque, chats et lapins peuvent parfaitement s'entendre. Et quand ils grandissent ensemble, c'est l'amitié garantie

le chien lèche le lapin, caressez-le et félicitez-le ; s'il devient agressif, grondez-le et retenez-le par le collier.

Le chat

Prenez le lapin dans les bras en faisant asseoir le chat à vos côtés pour caresser les deux en même temps.

Laissez-les se flairer pour que chacun se familiarise avec l'odeur de l'autre.

Le lapin

Tenez les deux lapins dans vos bras ; caressez-les en retenant le plus « énergique » et laissez-les se renifler mutuellement.

Phase 3 : la sortie en liberté

Le chien

Tenez le chien pendant que le lapin court en liberté, caressez-le et parlez-lui doucement ; s'il est calme, lâchez-le, mais interdisez-lui de courir après le lapin, car il pourrait faire peur à ce dernier au point d'en entraîner la mort.

Le chat

Tenez le chat en laisse pendant que le lapin court librement dans la pièce, caressez-le et parlez-lui doucement ; libérez-le seulement s'il montre qu'il n'a pas l'intention de courir après le lapin.

Quand ils se connaissent un peu mieux, deux lapins peuvent établir un lien profond fait de beaucoup d'affection

Le lapin

Laissez les deux lapins en liberté dans une pièce suffisamment grande pour permettre au plus faible de s'échapper ; éloignez le plus énergique seulement s'il devient agressif, sinon laissez-les décider par eux-mêmes qui est le « chef ».

Bon appétit !

Végétarien très vorace, le lapin nain a des goûts bien précis en matière d'alimentation. Son régime idéal est constitué de foin et de fourrage frais, de verdure et de granulés.

Le lapin est exclusivement herbivore. Ce qui ne veut pas dire qu'il ne mange que de l'herbe, mais que son alimentation est surtout composée des fibres contenues dans les végétaux, de foin, de carottes et de graines. Le lapin doit mâcher tous ces aliments assez longtemps, car pour rester saines les dents de l'animal ont besoin de ronger toute la journée des aliments « bruts ».

Le foin

C'est peut-être le « plat » le plus important pour un lapin : il doit être frais, bien conservé, composé d'herbes mélangées, et sans moisissures. Il est assez difficile de s'en procurer lorsque l'on vit en ville, mais il est vendu en sachets d'utilisa-

Dans la nature, les lapins se nourrissent surtout d'herbe fraîche, un ingrédient indispensable à l'animal domestique

tion très pratique dans toutes les animaleries. Il est excellent à la fois pour les dents du lapin et pour son intestin, et il est parfait pour « occuper » l'animal qui passe des heures à en manger. On le met dans la petite mangeoire à foin de la cage qui est en fait destinée aux légumes, et qui est généralement vendue avec la cage.

Les légumes

Les légumes frais ne doivent jamais manquer dans l'alimentation quotidienne de votre petit ami, et il est bien de varier tous les jours pour qu'il s'habitue à des saveurs différentes.
Il peut manger tous les légumes qu'aime l'homme, même s'il faut limiter à une fois par semaine la consommation des épinards, des choux et des brocolis.
Les herbes des champs, le trèfle, les feuilles d'arbres comme le peuplier et le bouleau et bien évidemment tous les produits du potager, dont en premier lieu la carotte, conviennent aussi parfaitement.

En revanche, il faut impérativement éviter les feuilles des tomates et des pommes de terre. Les légumes doivent être lavés, essuyés et servis à température ambiante.

Sa gamelle

Les meilleures écuelles sont en céramique ou en acier, car elles sont assez lourdes et ne se renversent pas facilement, comme c'est souvent le cas des gamelles en plastique. Pour les mêmes raisons de stabilité, il est préférable que le fond soit plus large que le bord.

Les fruits

Ils lui font du bien, mais sont très riches en sucres et risquent de le faire engraisser. Il faut donc en limiter la consommation à une tranche ou deux cuillerées par jour. Ses fruits préférés sont les poires, les pommes, les pêches, les figues, mais il aime aussi les fraises et les cerises.

Les granulés

Aliments très nourrissants, les granulés se présentent sous la forme de petits cylindres de foin compressé, d'herbes, d'autres végétaux et parfois de céréales, auxquels on ajoute des sels minéraux et des vitamines. On conseille géné-

ralement de les servir le matin, au moment où le repas est plus léger, en « doses » de 20 à 30 grammes.
Cependant, les granulés ne sont pas un aliment indispensable, et l'on peut sans problème les éliminer du régime si l'animal a tendance à grossir.

Et encore...

Viennent ensuite le pain et les biscuits. Certains maîtres y sont opposés, mais « proposer » une fois par semaine du pain sec et un biscuit (évidemment pas ceux nappés de crème ou de chocolat mais ceux qui sont vendus dans les animaleries) aide à limiter la croissance des dents. On peut

De l'eau à volonté

Il faut toujours laisser de l'eau fraîche à disposition, et il est faux de croire que le lapin tire des légumes les liquides dont il a besoin. Il boit en moyenne un demi-verre d'eau par jour, et le meilleur moyen de lui donner de l'eau est d'accrocher une pipette aux barreaux de la cage.
L'eau doit toujours être fraîche et propre, et il faut la changer tous les jours.

aussi donner au lapin un petit cube de sels minéraux à ronger.

Les bonnes règles

Des horaires fixes. Le lapin nain est un animal qui a tendance à engraisser, c'est pour cela qu'il est important de « rationner » la quantité de nourriture et de ne pas la lui laisser à disposition toute la journée.

Il faut toujours contrôler la date de péremption des granulés et de tout autre aliment sec : un aliment trop vieux est très dangereux pour l'organisme délicat du lapin nain

Est-il vrai…

… qu'il sait se maîtriser ?

Il vous regarde avec de grands yeux tristes, vous vous laissez attendrir et lui donnez une part de gâteau. Mais même si cela lui plaît, il ignore ce qui est mauvais pour lui et c'est à son maître de savoir dire non. Si vous voulez récompenser votre lapin, vous pouvez lui donner de temps en temps quelques grains de raisins secs ou une cuillerée de flocons de céréales sans sucre, mais il ne faut pas le faire tous les jours car vous risquez de voir la récompense devenir une « mauvaise habitude ».

Les repas. Pour éviter la chaleur et les rencontres désagréables, son cousin sauvage « sort » manger tôt le matin et quand vient le soir. Le lapin domestique a conservé cette habitude. De fait, un repas léger le matin et un autre un peu plus consistant le soir constituent une bonne solution.

Quelle quantité doit-il manger. Un lapin nain adulte pèse en moyenne un kilo et il doit absorber de 20 à 50 grammes de nourriture par jour en fonction de son activité physique ; il vaut mieux le rationner s'il est paresseux et augmenter la quantité s'il est au contraire assez actif.

Attention aux changements brusques. Expérimenter de nouveaux plats ou des goûts insolites n'est pas une bonne idée, car le lapin a besoin de s'habituer progressivement à la nouveauté.

Sa santé

Veiller à la santé de son lapin signifie lui procurer « l'assistance » dont il a besoin, le protéger de certains dangers présents dans la maison, et l'amener régulièrement chez le vétérinaire pour une visite de contrôle et les vaccinations.

Certaines races ont besoin de plus de soins que d'autres, mais quelques précautions concernent toutes les variétés de lapins.

La fourrure

La règle consistant à le brosser régulièrement ne concerne pas exclusivement la fourrure somptueuse du lapin angora qui, s'il n'est pas « coiffé » tous les jours, devient une véritable pelote de poils difficiles à démêler. Il faut faire de même avec tous les lapins, même si un brossage deux ou trois fois par semaine suffit pour les races à poil ras, car il permet non seulement d'éliminer les poils morts que l'animal pourrait avaler, mais c'est aussi un moment agréable pour votre petit ami qui se laisse brosser tranquillement comme s'il profitait d'un câlin.

Les oreilles

Même si le lapin passe de nombreuses heures à sa toilette, il est parfois nécessaire de nettoyer l'intérieur des oreilles. On peut le faire avec un tampon de coton humide, en évitant impérati-

Est-il vrai...

... qu'il peut prendre un bain

Certains l'acceptent sans problème, mais il est généralement déconseillé de donner un bain complet à un lapin, car cela pourrait l'angoisser étant donné son caractère « peureux ». Si la fourrure est sale, il suffit de la nettoyer avec un chiffon légèrement humide.

vement les Coton-Tige qui risquent de repousser la saleté vers le fond et d'engendrer toute une série de problèmes.
On s'aperçoit que le lapin a du prurit dans les oreilles parce qu'il secoue la tête, et il vaut mieux l'emmener chez un vétérinaire.

Les griffes

Comme les nôtres, les ongles du lapin poussent continuellement, et il lui est plus difficile de les user en appartement que dans la nature où il s'en sert pour creuser. Il faut donc en limiter la croissance et les couper de temps en temps pour éviter qu'ils se prennent dans les barreaux de la cage et se cassent. On emploie un petit coupe-ongles, comme pour les chiens et les chats, en faisant bien attention

Les lapins sont des animaux très propres qui nettoient eux-mêmes leur fourrure avec grand soin

à ne pas entailler la partie proche de la chair. Si l'on ne sait pas comment s'y prendre les premières fois, on peut demander conseil au vétérinaire.

Sa curiosité peut devenir de l'imprudence et être une source d'ennuis ; il ne faut jamais le perdre de vue quand on le laisse se promener en liberté dans la maison

Les dangers dans la maison

S'il est juste de laisser le lapin en liberté dans la maison, il faut que ce soit sous l'œil attentif du maître, tant pour éviter quelques désastres, comme des meubles et des tapis rongés, que pour éviter qu'il se mette dans le pétrin. Mais voyons quelles sont les principales sources de danger :

- un sol trop lisse, sur lequel il peut glisser et se faire mal aux pattes ;

Symptômes de malaise...

Un lapin en bonne santé est attentif, vif, agile, et ses mouvements sont bien coordonnés. Certains symptômes permettent de comprendre s'il y a lieu d'effectuer une visite de contrôle :

- il est paresseux ou abattu ;
- il refuse la nourriture, ou bien il semble avoir faim car il s'approche immédiatement de la gamelle mais ne mange pas ;
- il se terre dans un coin de la cage ;
- sa tête est penchée sur le côté, ce « torticolis » peut être un signe de malaise ;
- il boite, il peut s'agir d'une entorse ;
- il dort plus que de coutume.

Le « torticolis » est toujours un signe de malaise

- un sol en granit ou en marbre très froids qui peuvent entraîner des « rhumes » ;
- les câbles électriques et les fils du téléphone.

Aussi surprenant que cela puisse paraître, ils agissent comme une sorte « d'aimant » sur le lapin, qui ne résiste pas à la tentation de les ronger avec le risque d'endommager le matériel et de prendre une décharge. En général, si l'on crie sèchement « non » quand il s'en approche, il comprend qu'il doit garder ses distances.

Sur le balcon ou la terrasse

Si on veut le laisser libre de courir dehors, il faut mettre un grillage, car l'attrait de la nouveauté pourrait le pousser à sauter par-dessus le muret.

Il faut aussi tenir compte des plantes toxiques, qu'elles soient de jardin ou d'appartement comme la rose de Noël, l'azalée, le laurier-rose, le lierre. La liste est en réalité beaucoup plus longue, et c'est une bonne idée que d'en parler avec le vétérinaire à l'occasion de la première visite, en lui soumettant éventuellement la liste des plantes qui sont à la maison.

Le vétérinaire

Les visites de contrôle chez le vétérinaire ne concernent pas seulement les lapereaux, mais également les lapins adultes qu'il faudrait porter chez le vétérinaire une fois par an environ. Il est important de prendre un bon départ en transportant l'animal dans une cage ou, si elle est trop encombrante, dans un panier pour chats.
En outre, quand cela est possible, il vaut mieux fixer un rendez-vous pour la visite de façon que l'attente, en compagnie de chiens et de chats, soit brève et n'énerve pas trop le lapin.

L'idéal est de s'adresser à un vétérinaire doté d'une certaine expérience en matière de lapins, car les maux dont peut souffrir cet animal diffèrent de ceux des chiens et des chats

Les vaccins

Exactement comme les enfants au cours des premiers mois de vie, les lapereaux sont protégés des maladies grâce aux substances particulières présentes dans le lait maternel. Mais quand ils commencent à manger seuls, leur nourriture est privée de ces éléments et il faut donc pallier avec certains « substituts », comme les vaccins. Il faut vacciner les lapins contre

deux maladies qui sont graves pour eux, mais ne peuvent se transmettre ni à l'homme ni aux autres animaux domestiques.

On effectue les vaccins entre un mois et deux mois et demi, en procédant ensuite à des injections dites « de rappel » effectuées à échéances fixes. Si la date n'est pas bien précise par rapport à l'année précédente, c'est sans gravité, mais le carnet de santé rempli par le vétérinaire au cours de la première vaccination et mis à jour à chaque visite peut aider papa et maman à mémoriser la date de la prochaine visite.

Jour de visite : pour éviter tout stress inutile, il vaut mieux prendre rendez-vous avant d'aller chez le vétérinaire

Que veut-il me dire ?

Le lapin emploie très peu « la voix » ou du moins très peu pour communiquer avec l'homme, et il parle surtout avec son corps, exprimant des états d'âme qui paraissent inimaginables à qui ne comprend pas son langage.

Dans la nature, le lapin vit en colonie à l'intérieur desquelles chacun sait qui sont les « chefs » et qui sont les « sujets ». Ainsi, l'animal dominant manifeste sa supériorité en faisant nettoyer sa fourrure par ses subordonnés. Il exprime cette demande en prenant une position bien précise, les pattes repliées sous le corps, le thorax contre le sol et la tête penchée en avant. À dire la vérité, c'est une requête qui ressemble beaucoup à un ordre, et que le lapin peut faire à son maître lorsqu'il veut des caresses ou qu'on le gratte derrière les oreilles.
Vivre avec un lapin signifie donc comprendre son langage, exactement comme lui apprend à le faire avec le langage humain. Même si cela paraît incroyable, saviez-vous que si son maître répète souvent le nom du lapin, ce dernier démontre en peu de temps qu'il comprend la signification du mot et il vient à sa rencontre à chaque fois qu'il l'appelle ?

Avec son corps

Je vais bien. Quand il est tranquille et qu'il se sent en sécurité, il s'allonge sur le ventre et

détend les pattes postérieures. Il arrive même parfois qu'il se tourne et dorme le ventre en l'air pour indiquer qu'il est extrêmement détendu.

J'observe. Si le corps est soulevé et la queue en position horizontale, cela signifie que l'animal se concentre et étudie son environnement.

Quand il a peur, il cherche à s'aplatir contre le sol

J'ai peur. Le corps est aplati sur le sol, les oreilles sont rejetées en arrière et les yeux sont exorbités : cela veut dire qu'il a peur. C'est comme s'il essayait de se rendre invisible en restant complètement immobile, exactement ce que fait le lapin sauvage quand il voit un rapace voler au-dessus de lui.

Je suis en colère. Il est connu pour être un animal au tempérament doux, mais il peut lui arriver de donner de la voix et de devenir agressif.

Dans ce cas, les oreilles sont dressées et tournées vers l'extérieur, la queue est droite et les pattes sont légèrement écartées. Mieux vaut le laisser tranquille car vous risquez de vous faire mordre.

Ça m'intéresse... Pour inspecter le monde autour de lui, ou pour atteindre des objets qui attisent sa curiosité mais sont trop en hauteur pour lui, il fait le « petit d'homme », c'est-à-dire qu'il se dresse sur les pattes arrière. Il peut également se comporter de cette manière pour saluer le maître de maison qui s'approche de la cage.

Alerte ! Ceux qui ont vu *Bambi*, le dessin animé de Walt Disney, se souviennent sans doute de Panpan, le petit lapin qui tambourine sur le sol avec les pattes postérieures pour prévenir les animaux de la forêt qu'un ennemi est dans les parages. Le lapin domestique fait de même, quand il flaire un danger ou une présence insolite.

Les oreilles penchées en avant indiquent la concentration

Quel bonheur. Des bonds en l'air et des pirouettes, parfois en remuant la tête, sont les manifestations d'une grande joie. Quand il court autour des jambes de son maître, cela veut dire « Je suis très content de te voir ».

Avec son museau

C'est à moi. Il arrive parfois que l'on voie notre ami frotter le museau contre le pied de la table, contre sa cage ou même sur nos jambes. Ce comportement vient du fait que les lapins communiquent entre eux par le nez. Ils disposent en effet de glandes situées sous le museau qui libèrent une substance utilisée pour marquer leur territoire. L'homme ne peut pas la percevoir, mais les autres lapins la sentent bien.

Coucou, tu me fais un petit câlin ? Des petits coups de museau sont donnés contre la main ou la jambe du maître : c'est à la fois une façon de saluer et une demande de câlins.

Pose-moi par terre. Une légère morsure est une façon d'attirer l'attention : par exemple il est dans les bras et il a envie qu'on le pose par terre.

Je t'aime bien. S'il vous lèche la main c'est un signe de grande affection.

Pour en avoir la preuve, il suffit d'observer deux lapins qui s'entendent bien : ils sont l'un à côté de l'autre et se lèchent mutuellement.

Les moments de jeu

Mis à part quand il est encore lapereau et joue avec sa fratrie, le lapin est plus « travailleur » que « joueur ». En d'autres termes, il ne faut pas s'attendre à ce qu'il joue à la balle comme le ferait un chien. Mais alors, comment faire pour qu'il soit heureux ?

Dans la nature, les principales activités du lapin consistent à creuser des terriers et des galeries, à se promener, à chercher de la nourriture et à se courir les uns derrière les autres. Tout cela est indubitablement beaucoup plus difficile à réaliser en appartement. En tenant compte de ces caractéristiques, vous pouvez cependant lui proposer des passe-temps bien adaptés.

Les jouets

Le lapin est un animal intelligent et vif, qui a besoin de petits jeux qui l'occupent, le stimulent intellectuellement et lui permettent de faire un peu « de gymnastique ». En effet, si on le laisse tout seul sans activités intéressantes, il s'ennuie immédiatement.

Donc, étant donné qu'il aime ronger, mais aussi pousser et lancer en l'air de petits objets, l'idéal est de lui donner des petites balles en plastique dur, des tubes en carton, des morceaux de bois provenant de plantes non toxiques. On peut accrocher ces jouets aux barreaux de la

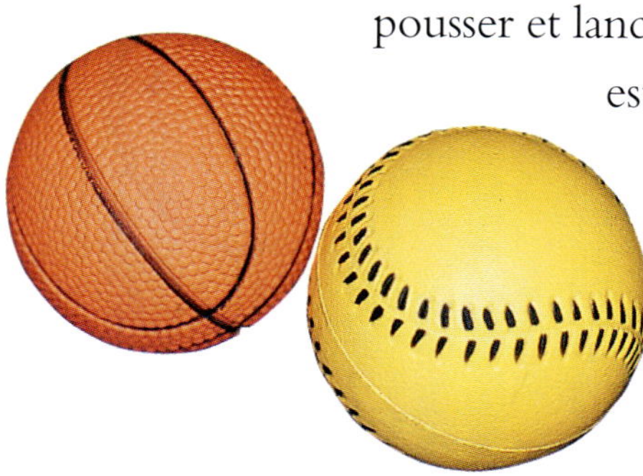

cage en les laissant suspendus librement.

Comment le prendre dans les bras

Il ne faut jamais, absolument jamais, attraper un lapin par les oreilles, car cela est très douloureux. Si vous ne voulez pas lui faire mal, il faut le saisir par la peau du cou d'une main et soutenir ses pattes arrière de l'autre main.

Vous pouvez alors le tenir dans les bras, le caresser, mais en étant toujours prêt à le retenir au cas où il essaierait de se libérer. Ses os sont en effet très légers et fragiles, et si le lapin tombe en se débattant, il peut se casser une patte.

Les câlins

Le lapin nain, surtout quand il est encore petit, est un animal assez timide qui a besoin de beaucoup de caresses. Les câlins sont un moyen de gagner sa confiance, mais ils représentent aussi pour lui un moment de jeu. Il aime qu'on lui caresse le front, mais jamais à rebrousse-poil, la naissance des oreilles, les joues et le dos. En revanche, il faut éviter de lui toucher le menton, le ventre ou les pattes postérieures, car cela lui déplaît.

Voici comment bien placer les mains pour tenir un lapin

Vivre dehors

Au cours de la belle saison, vivre dehors et si possible dans un jardin est sans aucun doute la solution préférée du lapin, car il peut courir, creuser, ronger, profiter du soleil et de l'herbe fraîche. En somme, il peut faire tout ce qui lui plaît.

Malheureusement, les maisons avec jardin ne sont pas si nombreuses, surtout si l'on vit en ville. L'alternative consiste à l'emmener faire une promenade au parc, en lui mettant une laisse et un petit harnais pour mieux le contrôler.

Qu'y a-t-il de plus beau qu'un pré parfumé de trèfle ?

En revanche, qui a la chance de disposer d'un jardin peut installer un enclos permanent, réalisé avec un grillage d'au moins 80 cm de haut et enfoui dans le sol à un mètre de profondeur, pour éviter que l'animal ne s'échappe en creusant un de ses fameux tunnels. Cela donnera la possibilité de vivre des moments très agréables et amusants consistant à s'allonger dans l'herbe avec son petit lapin, à le caresser et à le regarder faire des cabrioles dans les buissons.

Les races

Le polonais

Poids : 1,2-1,5 kg
Son nom est dû à son poil très blanc, et on l'appelle aussi hermine comme le petit mammifère sauvage carnivore dont la fourrure est de même couleur. Comme il s'agit d'un albinos, ses yeux sont plus souvent rouges que bleus. C'est une race très vive.

Le nain Britannia

Poids : 1-1,2 kg
C'est la version américaine du lapin polonais. Sa fourrure est de couleur blanche (les yeux sont alors rouges), noire ou marron.

Le nain de couleur

Poids : 1,2kg
Cette race sympathique, issue du lapin polonais, fut créée dans les années Soixante et eut immédiatement beaucoup de succès. Il existe de nombreuses variétés de fourrures : noires, blanches, ou chamois, gris acier, gris perle...

Le bélier nain

Poids : 1,5 kg
C'est un lapin très reconnaissable à cause de ses oreilles, une caractéristique de toutes les races bélier, qui retombent en forme de « fer à cheval » au lieu de se dresser sur la tête. Elles mesurent entre 24 et 28 cm (bizarrement, on mesure les oreilles de la pointe d'une oreille à l'autre, alors que généralement le calcul se fait de la naissance des oreilles à la pointe). La couleur de la fourrure du bélier nain est variée, mais exclut la couleur argentée.

Le nain Rex

Poids : 1,5-2 kg
D'origine texane, c'est la version miniature du Rex, dont il a gardé la fourrure d'aspect velouté. Dense et uniforme, le poil existe en une grande variété de couleurs.

Le bélier cachemire

Poids : 1,8-2,4 kg
C'est la version à poil long du bélier nain, dont il a gardé toutes les caractéristiques physiques.

Le nain Hotot

Poids : 1,2-1,4 kg
Originaire d'Allemagne, il est complètement blanc, à l'exception d'un anneau autour des yeux.

Le Fuzzy Lop

Poids : 2 kg
Il a la tête arrondie et le museau écrasé caractéristique des races naines. La fourrure, d'une grande variété de couleurs, a besoin de brossages fréquents.

L'angora anglais
(Jersey wooly)

Poids : 1,4-1,6 kg
Créé dans le New Jersey en 1980, il a une fourrure laineuse à poil long (pouvant atteindre 7,5 cm) qui est à l'origine de son nom, puisque le mot anglais « wool » signifie laine.

Le nain angora

Poids : 1,2-1,5 kg
Il dérive d'un croisement entre l'angora français et des lapins nains. Comme toutes les races angoras, il se caractérise par un poil très long, qu'il faut brosser tous les jours.

SES VACCINS

PREMIER VACCIN À 30 JOURS DATE ....

PREMIER RAPPEL À 8 OU 10 SEMAINES DATE ....

RAPPELS SUIVANTS TOUS LES 4 OU 6 MOIS

DATE	DATE ....
DATE	DATE ....
DATE	DATE ....
DATE	DATE ....
DATE	DATE ....
DATE	DATE ....
DATE	DATE ....

SECOND VACCIN À L'ÂGE
DE 2 MOIS ET DEMI DATE ....

RAPPELS ANNUELS

DATE	DATE ....
DATE	DATE ....
DATE	DATE ....
DATE	DATE ....
DATE	DATE ....